Markus Tomberg

Was ich dir wünsche

Zur guten Besserung

HERDER

FREIBURG · BASEL · WIEN

Was ich dir wünsche

Guten Schlaf in jeder Nacht
und auch angenehme Träume,
Appetit am neuen Morgen
und ein Lächeln nur für dich.

Dass die Schmerzen dich nicht quälen,
dass die Angst dich nicht zerfrisst,
dass Verzweiflung dich nicht umwirft,
dass dein Freund dich nicht vergisst.

Gute Besserung natürlich
und Geduld noch bis dahin,
Grund zur Freude immer wieder,
Gelassenheit und Zuversicht.

Hab keine Angst

Nichts soll dich ängstigen,

nichts dich erschrecken.

Alles geht vorüber.

Gott bleibt treu.

Alles erreicht der Geduldige.

Wer sich an Gott hält,

dem fehlt nichts.

Gott genügt.

Teresa von Avila (1515–1582)

Manchmal

Manchmal gerate ich über eine einfache Frage ins Grübeln.

Was fehlt dir denn?

Alltägliche, einfache Frage, und die Antwort ist so schwer.

Sie steht nicht in der Krankenakte.

Sie findet sich nicht in den Handbüchern der Ärzte.

Was mir fehlt, wenn ich krank bin: Das sind wohl

Lebendigkeit, Frohmut, Leichtsinn.

Ja: auch Leichtsinn, das ist schließlich nichts anderes

als leichten, unbeschwerten Sinnes sein.

So etwas wie Lebensleichtigkeit.

Aber fehlt mir, wenn ich gesund bin, nichts mehr?

Wer krank ist, erträumt sich das glückliche Leben der Gesunden.

Und vergisst den Traum so schnell die Krankheit vergeht.

Und die Gesunden fragt niemand, was ihnen fehlt.

Dabei haben gerade sie diese Frage ziemlich nötig

– und das mit ihr verbundene Innehalten.

Schließlich sind wir Menschen

nie und niemals

ganz fertig.

Krank sein

Krank sein ist Mensch sein.
Eine Maschine wird nicht krank.
Nur der Mensch kann leiden.
Manchmal zeigt sich die Größe des Menschseins
gerade im Elend der Krankheit:
verkehrte Welt!

Mensch sein heißt krank sein.
Krank nach Geborgenheit. Krank nach Liebe.
Krank an den Krankheiten dieser Welt.
So liegen die Größe und Würde des Menschen
gerade im Elend der Krankheit:
dem Leiden an der Verkehrtheit der Welt.

*S*ehnsuchtsort

Irgendwo den Ort finden,
wo Schmerz und Leid und
Angst keinen Platz mehr
haben,
wo das Glück wohnt
und auf dich wartet.

Den Ort,
den geschlossene Augen
mit traumtänzerischer
Sicherheit zu finden wissen
und den kein Wegweiser nennt:

den Ort der Sehnsucht
den Ort der Hoffnung
den Ort der Liebe
den Ort der Freiheit

wo der Friede wohnt
wo die Freundschaft wurzelt
wo die Freude nie endet
wo uns Heimat wird.

Wunsch

Jemand
soll auf dich warten,
dir den Tisch decken,
dir das Zimmer schmücken,
für dich einkaufen,
dir die Tür öffnen,
dich umarmen,
wenn du heimkehrst
an besseren Tagen.

Jemand
soll mit dir warten,
mit dir essen zuweilen,
dir das Zimmer schmücken,
dir Besorgungen abnehmen,
dir die Tür öffnen,
dich umarmen,
bis sie kommen,
die besseren Tage.

Rezept

für baldige Besserung,
und eine gute Zeit bis dahin:

1 Kompresse guten Mutes
5 Esslöffel Heiterkeit
1 Injektion Lebensfreude
2 Pflaster Zufriedenheit

Humor per Infusion: 1 x
Geduld: 5 x täglich
Visiten: nicht nur in Weiß
Zuversicht: 3 Tropfen inhalieren

Für einen Christen kommt es nicht darauf an, zu wissen, warum das Leiden existiert, sondern zu wissen, wie man sich im Leiden verhalten soll. Darauf gibt es die klare Antwort: mit aller Kraft dem Vorbild Christi folgen!
Er war unschuldig, heilig, hatte allen Gutes getan. Dennoch wurde er verfolgt, verurteilt, gekreuzigt. Christus hat sich – wenn auch nach innerem Kampf – dem Willen des Vaters hingegeben (Mk 26,39; Lk 34,16). Er hat für das Heil der anderen gelitten (Lk 22,19–20), für seine Peiniger gebetet (Lk 23,34). Er hat sich verhalten wie ein geduldiges Lamm, das man zur Schlachtbank führt; wie ein Schaf vor dem Scherer öffnete er nicht seinen Mund (vgl. Jes 53,7).
So handelte Jesus, und er mahnt uns zu beten: „Vater, dein Wille geschehe!" Er soll durch uns geschehen. Manche verstehen dieses Gebet auf ihre Weise und denken dabei: „Mein Jesus, ich will dich lieben, damit mein Wille geschieht." Der heilige Philipp Neri sagte das Gegenteil: „damit dein Wille geschieht", und noch mehr: „Herr, ich danke dir, dass die Dinge nicht nach meinen Vorstellungen gehen."

Papst Johannes Paul I (1912–1978)

$\mathcal{H}$iob

dann war da noch Hiob
der zwischen die Räder geriet
teuflische Räder
genau genommen
bei denen auch
Gott
seine Hände im Spiel hatte
Satan und Gott
trieben ihr Spiel
ihr grausames Spiel
mit Hiob
dem Mann aus Uz

einen Opportunisten
nannte ihn Satan
einen Wendehals
den glückliche Tage
zum ehrfürchtigen Diener
des höchsten Herrn
gemacht hätten

integer
nannte ihn Gott
einen Standhaften
den kein Unglück
aus der Bahn seiner
Geradlinigkeit
werfen würde

und sie spielten ihr Spiel
mit Hiob

Satan gab ihm Unglück
erst im Maß
dann im Übermaß
bis Hiob verlegen wurde
Gott nicht lästerte
und nicht lobte
sondern im Staub saß
und sich kratzte

es wird ihn gejuckt haben
unentschieden
allenfalls
blieb der himmlische Streit
Hiob erduldete
unlieben Besuch
der ihn anklagte
Gott
den Himmlischen
gelästert
und Schuld auf sich geladen
zu haben

Hiob nahm sein Los
und vertraute
gegen den Anschein des
teuflischen Spiels
auf Gottes Güte

und Gottes Güte
beendete das Spiel
– grausam genug
war es gewesen –
und gab Hiob
glückliche Tage

Hiob
der das Leid geschmeckt
und den das Unglück
angerührt hatte
und der in Gott die Güte
hervorgelockt
hervorgelitten
hervorvertraut hatte

gegen den Anschein eines
teuflischen Spiels

Bartimäus

blind saß ich
am Tor
Bartimäus, Bettler
arm an Geld
und arm an Freunden
Strandgut der Stadt

Wogen hörte ich
am Tor
Bartimäus, Bettler
Menschen gehen
hin und her
Brandung des Lebens

ich war ausgeschlossen
blind
krank

bis einer kam
und mich auflas
Strandgut sammelte

es nicht zurückwarf

in die Brandung

sondern aufhob

schätzte

liebte

mich

Bartimäus, Bettler

blind

doch mit geöffneten Augen

nach Mk 10,46–52

15

Sei wachsam

Sei wachsam:
Achte auf ein Lächeln,
und sei es noch so leise.
Höre auf ein Rufen,
und sei es geflüstert.
Spüre auf ein Hauchen,
auch wenn der Sturm weht.

Sei mutig:
Sag ja zum Leben
jeden Tag.
Sag ja zum andern
immer wieder.
Sag ja, doch wenn es sein muss,
auch einmal nein.

Sei tapfer:
Schrei gegen die Angst,
wenn sie dich beschleicht.
Entflieh der Verzweiflung,
wenn sie dich packt.
Entweiche der Mutlosigkeit,
wenn sie dich lähmen will.

Um deiner Liebe willen

Wache du, lieber Herr, mit denen,

die wachen oder weinen

in dieser Nacht,

und gib deinen Engeln

die Obhut über die, welche schlafen.

Hüte deine Kranken, Herr Christus,

lass deine Müden ruhen.

Segne deine Sterbenden.

Tröste deine Leidenden.

Erbarme dich deiner Betrübten.

Erlöse deine Gefangenen.

Schirme deine Fröhlichen.

Und alles um deiner Liebe willen.

Augustinus (354–430)

Aus Afrika

Eine Geschichte aus Afrika erzählt von einem gewissen Ben Sadok. Dieser war von so finsterem Charakter, dass er nichts Gesundes und Schönes anschauen konnte, ohne ihm übel zu wollen und es nach Möglichkeit zu verderben.

So kam er eines Tages am Rande einer Oase an einem jungen Palmbaum vorbei, der im besten Wachstum stand. Der fiel Ben Sadok ins Auge und rief seine Bosheit auf den Plan. Er nahm einen schweren Stein und legte ihn der jungen Palme geradewegs in die Krone. Und er verließ den Ort mit hämischem Grinsen.

Die junge Palme war erschrocken, dann besann sie sich, schüttelte und bog sich. Doch sie versuchte vergebens, die Last abzuschütteln. Zu fest saß der Stein in ihrer Krone. Ben Sadok hatte ganze Arbeit geleistet. Da krallte sich der junge Baum tief und tiefer in den sandigen Boden und stemmte sich gegen die schwere Last. So tief senkte er seine Wurzeln, dass sie nicht nur Halt gewannen, sondern

auch die Wasserader der Oase erreichten. Und der Baum stemmte den Stein, so hoch, dass seine Krone – aus allem Schatten hinaus – der Sonne entgegenwuchs. Wasser und Licht ließen die junge Palme zu einem prächtigen, gleichsam königlichen Baum werden.

Jahre später kam Ben Sadok zurück zu der Oase, um sich an dem verdorbenen Krüppelbaum zu erfreuen. Er suchte lange vergebens. Schließlich senkte die prächtigste und stolzeste Palme ihre Krone ein wenig, zeigte Ben Sadok den Stein und sagte: „Ich danke dir, Ben Sadok. Deine Last hat mich stark gemacht."

Leben spüren

Leben spüren
neu spüren
seinen Wert entdecken
neu
und ganz ungeahnt
den Alltag schätzen
ihn neu lieben
voller Spannung
und Überraschung

Leben spüren
neu spüren
die Frische der Luft
das Singen der Vögel
neu
und ganz ungeahnt
die Sonne lieben
mit klopfendem Herzen
jubelnd
und froh

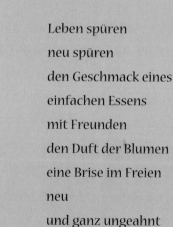

Leben spüren
neu spüren
den Geschmack eines
einfachen Essens
mit Freunden
den Duft der Blumen
eine Brise im Freien
neu
und ganz ungeahnt
dankbar sein

Danke,
dass du bei mir warst,
mir die Stunden angenehm
machtest,
die wartend
besonders lang sind,
mich den Schmerz und die
Angst vergessen ließest,
die die Einsamkeit
besonders groß macht,
mir ein Lächeln,
ein Wort,
dein Ohr
geschenkt hast.

Danke,
dass du bei mir warst,
mich nicht vergessen hast,
mir Nachricht gebracht hast
von der Welt,
die so wenige Schritte weit
dimensionenweit
entfernt scheint.
Danke,
dass du bei mir warst,
in das sterile,
kalte Zimmer
Farbe gebracht hast
und Wärme.

 anke.

Alle Rechte vorbehalten – Printed in Germany
© Verlag Herder
Freiburg im Breisgau 2003
www.herder.de

Gesamtproduktion:
smp – schmidt media production, Freiburg
www.smp-media.com

Druck:
J. P. Himmer, Augsburg 2003

Gedruckt auf umweltfreundlichem,
chlorfrei gebleichtem Papier

ISBN 3-451-27892-8